내 마음의 속도

박 하 / 제 5시집

 도서출판 은누리

목차

권두시 | 진도進度 • 7

1부 낙동강 따라

    정자 변주곡 • 11
    가시연꽃 사랑 • 12
    낙동강 하구둑에 서서 • 13
    영남루는 누가 지었는가 • 15
    자전거길 • 20
    솟아라, 춘정! • 22
    니나 잘 하세요 • 24
    자전거 만류론 • 25
    자전거 애첩론 • 27

2부 길 위의 노래

안성맞춤 사랑 • 31
동백섬 연가 • 32
미황사 동백 • 33
만화방초 • 35
세연정 신선놀음 • 36
풍류도시 평양 가는 길 • 43
대동강 뱃놀이를 그리며 • 45
노엮개 • 47
화살촉처럼 • 49
마침내 바람으로 • 50

3부 지구별 방랑

폭포 변주곡 - 마링허 협곡 폭포 • 55
폭포 앞에서 - 황과수 폭포 • 57
둔황의 신기루 - 혜초를 그리며 • 59
고사계 장군을 위하여 • 61
차도르 여인 • 64

차도르 예찬 • 66
메테오라 수도원 • 68
산토리니 노을 • 70
나무 십자가 너머 - 크레타 섬 • 71

4부 시대풍류

디지털 마귀를 몰아내는 글 • 75
챗GPT의 권유 • 81
'그 꽃'처럼 • 84
경계지우기 • 86
황금달걀 전설 • 87
코로나 시대 잠언 • 88
유튜브 학교 • 90
어느 석수장이 말씀 • 92
등대 독백 • 93
동백섬 야화 • 94
베링해 트롤선, 부산항으로 달려오다 • 97
투명물고기의 삶 • 99

훈계조 • 100
인간시리즈 - 자코메티 조각 • 101
쇼핑 예찬 • 102
어느 책벌레의 변명 • 103
헌책방에서 월척 낚기 • 105
그대는 만리마를 탔는가 • 107
평양몽夢 • 109

5부 응당패설

예감 • 113
뚜껑 열기 • 114
구름과 동심 • 115
단풍 인생 • 116
풋장담 • 117
모종론 • 118
노을 빛 • 119

부록 내 인생의 멘토같은 詩

조지훈의 '혼자서 가는 길' • 123

에필로그 | 몸의 속도, 마음의 속도 • 132

권두시

진도 進度

그대가 한 권의 책이라면
나는 얼마쯤 읽었을까

내 총명이 다 하기 전에
찬찬히 다 읽고 싶은데

그대가 샘물이라면
나는 여태껏 얼마쯤 마셨을까
갈증 날 때마다 마시고 싶은데

나 역시 그대에게
한 권의 책이 되고 싶다
한 동이 샘물이 되고 싶다

1부
낙동강 따라

정자 변주곡

빈 배 같다. 정자
주인 오기만을 기다리는 빈 배

덩그러니 돛대 같다. 노거수
돛폭 걸기만을 기다리는 돛대

달과 하늬바람은
나의 시종

딴청부리지 말고
나를 위해 복무하여라

우주유람선 같다, 정자
휘영청 달밤, 계수나무 궁전을 향해 가는

가시연꽃 사랑
- 우포늪에서

진흙탕에 뿌리박고서도
시침 뚝 떼고 피는
눈부신 홍련이 아니에요
새하얀 백련도 아니에요

꼬깃꼬깃 펼치는 사연,
소름 돋듯 피는 가시연蓮이에요
아무나 오지는 마세요

가시방석 위에서도
어화 둥둥 내 사랑,
열락悅樂의 꽃 피울 수 있는
내 사랑만 오세요

낙동강 하구둑에 서서

언제부터 강을 잊었던가
언제부터 나룻배를 잊었던가
하구둑에 서서 옛 강을 그리네

갈대밭 속 황새 둥지 같던 그 곳
우리 시대의 에덴동산
낮술에 붉힌 얼굴, 철딱서니 아담과 이브는
어디로 사라졌던가
'재첩국 사이소', 새벽잠 깨우던 그 소리
언제 어디로 사라졌던가

위대한 모성의 강,
때로는 홍수로 포효하던 강
가뭄에는 허옇게 강바닥 드러내고
큰물 지면 용트림하듯 방죽을 결딴내던 강
보릿고개 한숨 넘기도 전에
온 들판 보리이삭 썩어문드러지게 하던 강이여

한때 병들어 신음하던 그 강
개복수술開腹手術하듯 찢어발기던 그때
낙동강 1,300리 오체투지하듯
누비던 기도여 염원이여

언제부터 그 강이 돌아왔는가
그 많던 선지자들은 어디로 가고
그들의 예언은 또 어떻게 되었는가

노을 지는 하구둑 위
한 마리 해오라기처럼 서서
언약처럼 푸른 강변 바라보네
출렁이는 그 강물 따라
상상의 나룻배를 띄워보네

영남루를 누가 지었는가
- 무명의 도목수 관노官奴를 위하여

밀양에 가면 제일 먼저 영남루 아닌가
밀양강 위, 수문장 같이 버텨선 영남루 애당초 그 누각을 누가 지었는지 아시나요?
솜씨 좋은 관노가 지었다는데
그 관노의 이름을 몰랐다는 게 무슨 곡절인가

고려 말, 1365년 신관사또 밀양 수령 김수 부임하자 마자 낡은 영남루에 올라갔다는데,
오를 때마다 부아가 치밀어 참다못해 일갈했다네

이보게 이방吏房! 자고로 왕조의 위엄은 왕궁이 말해주고,
밀양 고을의 위엄은 영남루가 말해주는 법! 자네 눈에는 이리 누추한 영남루가 부끄럽지도 않소

이보게, 이날 이때까지 진주 촉석루는 보지도 듣지도 못했단 말이오? 말이야 바른 말이지,
우리 밀양이 진주보다 못한 게 뭐요. 인물이 없소,

물산이 없소. 재약산 봉산이 없소.
그 산에 아름드리 소나무가 없소
내일 아침, 당장 이 초라한 누각부터 허문 뒤, 새
로 지을 방도를 구하시오!

사또나리, 우리 고을에 솜씨 좋은 관노가 있긴 헌
데 그 영감이 글쎄,
지금 한달 째 구들장을 지고 있다는데 글쎄.
사또, 말허리 끊고 불호령하듯 내뱉는 말,
말 같잖은 소리 작작하고, 당장 그 자를 내 앞에
대령 하시오!
그 관노 아픈 몸을 이끌고 진주 촉석루에 득달같
이 달려갔것다

기둥과 기둥, 도리와 서까래, 대들보 용마루까지
영조척으로 구석구석 요리조리 재고설랑,
화선지에다 난초 치듯 가로세로 척척 실측도를
그려왔것다.

때는 마침 겨울이라 봉산 소나무 벌채를 감행했고
기초 자리 달구질에, 베어온 재목 마름질이야 대패
질이야, 일사천리로 내달리는 것이었다.

신기도 신기할사, 어렵쇼, 병약한 그 관노,
하루가 다르게 되살아나는데
시들어 빠진 벼이삭이 단비에 되살아나듯
마침내 헌헌장부 수문장 같이 영남루가 일떠서자
마자
그 관노의 고질병도 씻은 듯 사라지고 말았것다.

사또 김수는 덩실덩실 춤추듯 영남루 중수기를
일필휘지로 적어 내리는데 글쎄,
관노 이름을 빼먹고 말았네
실수가 아니라 순전히 고의라네
이런 제기랄,
길섶에 꽃들도 하나같이 이름이 있는데

하다못해 애기똥풀도 있는데 개도 고양이도 살가운
제 이름이 있는데 종놈이라 괄시하며 이름 조차
빼먹었으니…….

아서라, 말아라,
조선이 망한 이유, 먼데서 찾을 거 하나 없네
솜씨는 조선팔도 제일의 도목수 뺨치는데도
한번 종놈은 영원한 종놈, 인도의 카스트제도보다
더 견고했던 조선의 신분제

꽃다운 처녀가 억울한 죽음을 당한데는 사당 지어
내리내리 불천위* 제사 지내듯 하면서도
솜씨 좋은 그 관노, 그 도목수는 이름조차 지우려
한단 말인가.

---

* 불천위 제사 : 나라에 큰 공훈을 남기고 죽은 사람의 신주를 오
대봉사가 지난 뒤에도 묻지 않고 사당에 두면서 제사를 지내는
것이 허락된 신위.

그대여, 밀양에 가시거든 제일 먼저 영남루. 헌헌장
부 같은 영남루, 애당초 누가 지었는지 물어보시라*
기왕이면 밀양 사람 붙잡고 물어보시라

---

* 밀양 영남루는 1365년 수령 김수의 지시에 의해, 솜씨 좋은 관
노의 주도로 준공되었다. 당시 진주 촉석루의 제도를 베끼되, 촉
석루보다 훨씬 더 정교 하고 웅장하게 건축했다고 한다. 그때 이
후, 수차례 중수를 했지만 본래 모습은 1365년 당시 원형을 유
지 하고 있다.

자전거길
- 자전거 연작

어디까지 갈까
언제까지 이어질까

내 두 발로
내 근육의 힘으로
두 바퀴 돌리며 가는 길

고갯마루에 앉아 뒤돌아보면
재수생 시절, 신문배달 하던 새벽길도 보이고
아스라이 고향 길도 보이네

내리막길을 가다보면
가보지 않은 길,
그 길 위에 오색 무지개가 솟아있네

타면 탈수록 앞당겨지는 미래,
옆길로 새지도 않고
저승길까지 이어져 있는 길
어디까지 가볼까
언제까지 이어져 있을까

솟아라 춘정!
- 부울ROTC바이크클럽에 부쳐

한 마리 늙은 연어처럼
모천회귀母川回歸인가
차르르 차르르,
낙동강 따라 거슬러 오르는 길

내 고향 아닌데도
솔솔 고향의 강 냄새라니
오종종 마중 나온 버들개지라니
노 젓듯 저을수록 꿈틀거리는 가지들

꼭 뚜쟁이 같은 봄바람,
조신한 매화낭자 속곳까지 들추고
벌거벗은 산수유도 속수무책,
샛노란 신음, 꽃구름마냥 겨워내는 중

겨우내 내 묵은 가지에도
미세먼지 헤치고 차르르 차르르,
시나브로 봄물 차오르는가
솟아라 솟아라, 춘정!

니나 잘 하세요
- 자전거 고수 예찬

어이 봐라, 친구야,
영감탱이 주제에 자전거가 가당키나 하냐
숭실맞거로 또 쫄쫄이 바지는 뭐냐
쓸 때도 없는 기 내 여깃소, 하미 툭하니 불거져
존재감 들어 내모 우짠단 말이고

인자 자전거 고마 탈 때도 됐다 아이가
내랑 같이 유유자적 금정산 둘레길,
이기대 갈맷길이나 걷는 기 우떻노?

그래 봐라, 친구야,
충고는 눈물 나게 고마운데
내 걱정일랑 말고
니나 잘 하세요

자전거 만류론
- 자전거 연작

어이 봐라, 친구야,
우리 나이가 작은 나이냐,
낼 모레가 일흔 아이가
은행 털고 도망가는 놈 마냥 부리나케 달리봐라,
그런다고 세월이 어데 거꾸로 가더냐

인정할 건 인정 해야제
아무렴, 가발 쓰거나 염색하는 걸 자체발광 이라고?
그런다고 참외가 어데 멜론 되겠냐,
일흔 밑자리 깐 영감 주제에 쌩쌩 자전거가 가당 키나 하냐 이 말이다
숭실맞거로 쫄쫄이 바지는 또 뭐시냐
씰 데도 없는 물건, 툭하니 불거져 본들 우짜겠단 말이고
지난 번 자전거끼리 충돌사고가 1차 경고라카이,
그때 119 앰뷸런스타고 응급실 갔던 일, 두 번 다시 일어나면
인생 끝장이라 카이

변절이 아니고 바람직한 변화라 카이,
인자부터 내랑 같이 유유자적 산보가 우뚷노?
금정산 둘레길이나 이기대 갈맷길 말고
요즘 뜨는 데는 따로 있다카이,
동해선 전철 타고 울산 태화강역에 내리는 기라,
십리대숲에 가면 진짜 분위기 좋고, 물도 좋다 카이
어허이, 물 좋은 걸 시시콜콜 꼭 말로 해야 되것냐

니만 간다 카모, 내가 다 생각해둔 게 있다아이가
지난 번 만난 울산 큰 아지매 한테 특별히 부탁해보꾸마
이번 주말에 돌싱 아지매 하나 데꼬 나오라고 말이여.

자전거 애첩론
- 자전거 연작

고맙다, 친구야
자전거는 제발 고만 타라는 니 충고,
니랑 같이 태화강 십리대숲에 산보나 가자는 권유,
그뿐인가, 근사한 돌싱 아지매까지 소개시키주겠다는 그 말,
'노마老馬도 풋콩을 좋아 한다'는 걸 내라꼬 와 모리것노

친구여, 그런데 말이다,
자전거 타고 온 길이 돌아가기에는 너무 멀다는 말이다.
그 뭣이냐,
자네는 내가 김유신처럼 애마의 목을 칠 정도로
모진 놈이라 생각하는 지 모리겠지만
나는 그리 몬한다카이
나는 김유신처럼 비겁할 수가 없단 말이네
어떻게 자신의 과오를 죄 없는 애마에게 둘러씌워
애마의 목을 친단 말인가

내 애마가 한때 나를 내동댕이쳤을망정
나는 애마를 포기할 수도 팔아넘길 수도 없단 말이네

나의 애마여, 아니 나의 애첩이여
이제는 일심동체가 되어
일흔 고개도 콧노래 부르며 넘어가볼 참이네
그래도 좀 놀줄 아는 한량이라면
애첩이 하나라면 너무 각박하지 않겠는가
그래서 진작 새 애첩도 문간방에 떡하니 들여놓았다네

그녀 이름은 전기자전거, 일흔 고갯길도 제 등에 나를 태우고
룰루랄라~ 콧노래로 넘어갈 거라네. 푸하하

2부
길 위의 인생

안성맞춤 사랑

안성에 가면
내 사랑도 안성맞춤 되나요

아무렴요
안성맞춤이 어디
놋그릇 유기鍮器 뿐이겠어요

어정쩡한 사랑
오가지도 못해 쭈그렁바가지 된 사랑,
환난에 푸르딩딩 녹슨 그대 사랑까지도
단박에 광 내드릴께요

두 손 꼭 잡고 오세요
오셔서 하룻밤만 묵어가시면
반짝반짝 방짜유기처럼 빛나는 사랑!
안성맞춤 사랑이라니까요

동백섬 연가

동백은 동백끼리
동박새는 동박새끼리

홀로 피지도 않고
홀로 울지도 않네

동박새들 둥지로 들자마자
망사 커튼인양 내리는 가랑비
투둑 투둑 동백꽃,
동백숲에도 앞바다 위에도
어화둥둥
만다라 피고 지는 소리

동박새는 동박새끼리
동백꽃은 동백꽃끼리

미황사 동백

동백은 왜
숯불처럼 이글거리며 피는가
홀아비 냉가슴 덮혀 주려고 피는가
과수댁 냉골에 군불 집혀주려고 피는가

동안거 중인 스님
젊으나 늙으나 숫총각, 숫처녀들
용맹정진 부추기려고 피는가
동안거 마친 스님들,
다시 또 한 번 시험하려고 피는가

동백은 왜 뎅겅뎅겅 지는가
망나니 칼에 모가지 떨어지듯 지는가
낙화암 삼천궁녀처럼 투신하듯 지는가

百尺竿頭進一步,
이승 끝 날에도 꽃다운 최후,
동안거 끝나는 날,

지상에 그리는 한 폭 만다라
융단 깔아주듯 지는가

만화방초
- '비밀의 화원'에 부쳐

화가는 붓으로 그림을 그리지만
나는 괭이로 그림을 그렸소

삼십 년 괭이질에 시나브로 피어난 식구들,
연못 속 어리연꽃, 푸른 수국, 하얀 수국, 분홍 수국 등등
편백나무 오솔길, 춤추며 흐르는 한달폭포
깡통 바람개비와 두더지가 교신하는 그곳

30년 묵은 괭이자루
밤마다 마법을 부리는 비밀의 화원
그 이름 만화방초 수목원

세연정 신선놀음*
― 孤山 윤선도의 고백

처음엔 탐라도에 가서
한라산 산신령이 되리라 굳게 다짐했었제
도중에 심한 풍랑을 만나 황급히 완도 앞바다,
보길도 황원포에 배를 대었던 게라
애당초 눌러 앉을 맘은 터럭만큼도 없었고말고
근데 사나흘이 지나도 당최 풍랑이 자야 말이제,
지루한 놈 투전판 벌인다고
심심파적으로 유람에 나섰던 게지
망월봉 우러르며 반나절쯤 걸었더니
어느새 해풍海風은 가뭇없이 사라지고 뻐꾸기 소리
낭자하고 계곡 물소리가 세상 시름까지 말갛게 씻어
주는 게 아닌가 홀연 별천지가 나타난 거여

꿈인가, 생신가, 연꽃 닮은 부용화가 지천이라
그래 이곳은 이제부터 부용동芙蓉洞이야,
주산主山 망월봉이 양 날개를 펴고 알卵을 품은 땅,
이리 보면 영락없는 자궁혈子宮穴이요,

---
* 낮은 곳에 서서 보면 세연정만 우뚝해 보인다.

저리 보면 도솔천에 두둥실 뜬 연꽃이라
옳다구나, 이 골짝에 연못 하나 만들면
연화부수蓮花浮水 형국! 이건 필시 선몽이렸다
그때부터 마음을 고쳐 먹었제
이제 바다도 잔잔하겠다, 양식도 물도 가득 채웠겠다
기어코 탐라도로 간다면 누가 말리랴만
나는 이미 작정했다오
당시 내 나이 쉰하나(51), 혈기방장 청년기는 지났어도
뒷방 늙은이로 물러나기는 도저히 억울했지
바야흐로 가을걷이도 끝난 호시절,
부랴부랴 비선飛船을 띄워 해남 본가에 기별을 넣었제
남도 땅 내로라하는 석수쟁이와 대목들 다모여!
힘깨나 쓰는 떠꺼머리 장정들 다모여!
두루두루 방榜을 놓자 댓바람에 일꾼들이
섬으로 몰려들었제

한편에선 칡덩굴을 새끼 꼬아 삼태기와 들것을 엮고,
또 한편에선 대장간을 열어 정釘이며 괭이며 온갖
연장들을 벼렸지
산중에 한바탕 대역사가 펼쳐졌던 것이제
항아리꼴 만灣을 막는 간척干拓 일이야,
우리 해남윤가 전대傳代의 가업家業 아니던가
고조 할배 어초은漁樵隱* 이래로
대대손손 파도를 막아 제방을 쌓고,
죽탕 같은 개펄 위에 옥답를 만들던 일,
진개맹개**에 버금가는 해남·강진들이
애당초 해남윤가로부터 비롯된 것이란 사실은
다 알고 있제
어기영차 어여차!
부용동 산골짝을 쩌렁쩌렁 울리는 소리
가래질로 연못을 파고,

---

* 윤효증 : 고산 윤선도의 고조부로 해남, 강진들의 간척사업으로
해남윤씨가문을 일구었다.
** 진개맹개 : 김제평야, 만경평야를 일컫는 사투리. 일제강점기 때
대대적으로 개발되었다.

너럭바위를 캐고 굴리고 또 깎아서 구들장 놓듯이,
대청마루 짜 맞추듯이 만든 판석보板石洑를 보라구,
어디 한곳 허투루 놓은 돌이 있는가
하기야 그 일이 아무리 힘들기로서니
제방을 쌓아 파도를 막는 간척 일에 비기면 호로뺑
뺑이제

제대로 보시게, 세연정을,
세연지와 회수담 두 연못이 앞뒤로 벌려 있고,
연못 사이 세연정은 연못에 딸린 정자란 말이여!
그런데도 연못은 못보고 맨 날 정자만 들먹이고,
동대·서대 언덕 위에 선남선녀 데리고
어화둥둥 춤판이나 벌였다고 비아냥하면 안되고
말고

물론 환갑이야, 칠순이야, 미수야 하는 잔칫날에는
여기보다 더 좋은 잔치 무대가 어디 있겠는가
춤이야 보는 이도 좋지만,

추는 이는 더 즐거운 법 아닌가!
세연정의 진가는 한데 어울려
신선놀음을 할 때 비로소 완성되는 거여
풍류란 본시 뱃놀이 아니던가
세연정 두 연못에다 두둥실 배 띄워놓고
지국총지국총 어사화! 장단에 맞춰
어부사시가를 대거리 연창으로 해야 한단 말이여

어깃장 놓기 좋아하는 이들은 말하제,
고산은 금수저 물고 태어나 여기서 신선놀음이나
하다 갔다는 말,
천만의 말씀이오,
이 몸이 분명 금수저 출신은 맞소만,
이곳 세연정을 제대로 보시오
세연정은 연못이요, 관개 저수지요,
게다가 흥겨운 잔치 무대이기도 했다오
세연정 넘어 부용동 원림 전체를 보고,
또한 보길도·노하도 간척한 데를 보시오

세연정은 이미 고산의 세연정이 아니고,
보길도 노화도의 세연정을 넘어
남도의 자랑거리가 되었소
애오라지 일신의 영달만 누렸다면
내 어찌 여든다섯(85) 해, 천수를 누릴 수가 있었겠소
또한 오늘의 세연정이 오롯이 남아날 수 있었겠소
세연정은 아직은 미완의 낙원이오
낮은 곳에서만 보면 세연정만 우뚝 할 뿐이니
바라건대, 세세연년 술 익듯 익혀가는 낙원
가끔씩 신선놀음이 펼쳐지는 환상의 낙원을 고대하는 바이오

작금에 세연정과 이 몸 고산에 대한 오해가 갈수록 깊어가기에 뒤 마려운 강아지마냥 끙끙거리던 차에 한 귀인을 만났소

때마침 보길도에 들른 강호의 삼류 문사, 박하를 점 찍은 뒤, 풍랑으로 사흘 내리 뱃길을 끊어놓은 다음, 그의 꿈을 빌어 구구절절 세연정에 서린 내력을 밝히는 바이라오.

풍류도시 평양 가는 길

재송원 지나 영제교 건너 말타고 가던 길
휘늘어진 실버들 사이로
봄볕에 대동강물 아른아른 비치고
외길로 뻗은 십리장림

"여봐라, 길을 비켜라."
풍월루 오르던 그 길,
옛 선비들, 말 위에서 주거니 받거니
수창시*메기며 가던 그 길

권마성** 앞세우고 대동관에 들렀다가
신관 평안감사 행차길 따라 가볼 날은 언제인가

우리네 할아버지, 할머니의 고향
선조의 땅 평양에 가는데 누구의 허락을 받고,
누구는 가고 누구는 못 간단 말인가

---

* 수창시 : 시가를 주고 받으며 짓는 시.
** 권마성 : 교군들이 귀인의 행차에 가마를 메고 가며 목청을 베어 부르는 소리

오래오래 꿈꾸던 풍류도시 평양,
지척인데도 그리기만 하다 만단 말인가

대동강 뱃놀이를 그리며

아직도 선연한 그 장면,
백두산 천지 앞에서 두 손 맞잡고 치켜든 그분들,
칠천오백만 겨레 앞에 맹세가 아니던가
둘이 앞장서 금방이라도 활짝!
통일의 문 열어젖힐 것 같더니
대관절 그동안 뭔 일이 벌어졌단 말인가

설마하니 천지 앞에서
한바탕 맹세 시늉이라도 벌였단 말인가

남북의 수반이여
부디 하루빨리 만나기를
명분도 타산도 따지지 말고
일천만 이산가족, 숨통부터 틔워주기를

빼앗긴 이름 금수산에 봄이야 오든 말든
하늘 높이 주체의 봉홧불이야 타오르든 말든
옥류관들러 평양냉면 먹고 싶소

대동강 숭어국에 평양온반 먹고 싶소

모란봉 을밀대에 오르고
휘영청 달밤, 영명사 부벽루에 올라
달구경할 날은 언제일까?

능라도에서 양각도, 두루섬까지
밤새워 뱃놀이를 할 날은 언제일까?
이승떠나기 전, 평양 유람의 꿈,
언제까지 기다려야 한단 말인가
정녕 기적을 빌어야만 한단 말인가

노엮개*
- 지승공예박물관 후기

남들은 맺힌 걸
풀라고 합니다
느슨하게 풀라고 합니다

하지만 저는 처음부터
지푸라기잡듯
붙잡지않고는 허전해서
못살 것 같았어요

내품을 빠져나가는것들
허리 춤에 끈을 묶듯
그 끈이 하마 약해서
플릴까봐
야물게 또 야무지게

---

* '노엮개'는 지승공예라고 합니다. '노'라는 말은 실이나 칡, 마, 종이 등을 가늘게 비비거나 꼰 끈을 말하며, '엮개'는 이 꼰 끈을 엮어 나간다는 뜻으로 보통 종이로 꼰 노끈을 가리킵니다. 부산 해운대 달맞이 고개에는 '지승공예 박물관(관장 이해원)'이 있고, 지승공예 명인 김금자 여사의 작품들이 전시하고 있습니다.

꼬고 또 꼬았습니다
손가락 마디마디 굳은살이 박힐 때까지

가부좌 한 채 앉아
꼬고 꼰 노로써 온갖 그릇을 엮었습니다
한숨이 어느덧 기도가 되고
방울방울 눈물이 어느덧 묵주가 됩니다

노엮개로 빚은 기물들, 어느새 보석 같이 반짝입니다
경전처럼 빛이 납니다

화살촉처럼

글에도 날이 있다

무딘 날로 무얼 베고
무얼 뚫는단 말인가

시퍼런 화살촉처럼
벼리고 벼린 글들의 촉

그대 심장을 향해 쏘리라
철철 피흘릴 때까지

마침내 바람으로
- 弔詩(친구 최효영 영전에)

새움 깨우는 봄바람처럼
때로는 대양 휘젖는 허리케인처럼
조용한듯 거침없던 사나이

북한강 줄기 가평 호반,
군불 지핀 황토방,
신선놀음 그 시절에도
후끈 춘정春情 동하듯 동할 적엔
적토마 할리* 타고
풍진 세상 우레 같이 써레질 하던 그대

무르익은 봄날,
영실계곡 철쭉꽃 사태질 때,
까닭없이 목이 메이고,
한겨울 토왕성 빙벽,
그녀 젖가슴 어루만지듯 오르던 산사나이

---

* 할리 데이비슨 : 고급 오토바이의 대명사. 고인은 할리 매니아이기도 했다.

좋아하면 닮아가는 법!
생애 끝날까지
바람 같은 자유를 좇아
활주로 박차고
사뿐히 이륙하듯,
칠흑 우주를 향해 떠난 사나이

마침내 바람이 된
바람의 자유혼,
그대 그리는 정으로
삼가 조시弔詩를 올리네

3부
지구별 방랑

폭포 변주곡
- 중국 貴州성 마링허馬岭河 협곡에서

콰르르,
세상 온갖 잡소리 삼키고
나그네 귓속을 후벼 파는 소리
피고 지는 무지개 아래
오르가슴처럼 떨리는 나뭇가지들
욕정 같이 이글거리는 잎새들

깎아지른 협곡의 허리춤,
잔도栈道에 기대 선 후줄근한 나그네
선녀의 치마 속 훔쳐보듯 올려다보는 협곡
어디선가 마방馬房*의 방울소리,
시나브로 전생前生 기억을 길어 올리고

---

* 마링허 협곡은 중국 고대 무역로인 차마고도(茶馬古道)의 한 지선(支線)으로, 상단(商團) 조직인 마방들이 암벽에다 인위적으로 만든 통행로인 잔도가 지금도 남아있다.

콰르르,
휑한 곳간에 쏟아지는 진주구슬이여
푸른 숨을 돌게 하는 구름비여
찌든 영혼에 내리는 구명줄 같은 노래여

폭포 앞에서
- 황과수폭포

쏟아지는 것도
무너지는 것도 아니다
수레바퀴 돌리듯
힘차게 돌리는 것이다

서로서로 깍지를 끼고
한 몸 한마음이 되어
우레 함성으로 바퀴를 돌리는 것이다

이슬이요, 시냇물이요,
폭포요, 무지개요, 구름이요
다시 바닷물이요
전생에서 차생을 잇는 길
천변만화千變萬化의 무한궤도

천지간에 영원히 사라지는 것은 없다
저 물보라처럼
쉼 없이 형상이 바뀔 뿐!

폭포는 윤회의 거울이요
우주의 물레방아다.

둔황의 신기루
- 혜초를 그리며

황사바람,
설한풍 같이 매운 날
두 눈만 빠끔히 내놓고
흰 두건으로 머리 친친 감은 사내
숭숭 뚫린 장삼이지만 꼿꼿한 결기
희로애락에 초연한 낙타처럼

지옥 사막, 타클라마칸을 건너

둔황 막고굴 앞에 선 사내

여보소 주인장,
이 화상和尙, 행색은 초라해도 비렁뱅이 건달은 아니라오.
천축 다섯 나라를 돌아온 신라 중僧이라오.

여기 내 피 같은 두루마리 일기를 맡길 테니
며칠 동안 예서 묵어가게 해주시오.

장안에 들렀다가 바다 건너 신라국 서라벌까지 갔다. 일 년 안에 다시 돌아와 이 두루마리를 찾아가겠소.

1,300여 년 전,
신라의 구법승 혜초가 맡긴 왕오천축국전
모래바람 귀신 울음 같이 울던 날,
막고굴 앞에 선 텁석부리 사내,
빛나는 눈동자를 보네.

고사계* 장군을 위하여

제 조국은 고구려입니다.
조국을 잊지 않기 위해 끝까지 성도 고치지 않았습니다.
그런데 왜 사내대장부답게 조국을 위해 싸우다 죽지 않았냐고요?
왜 비굴하게 원수의 나라唐, 장군으로 변절했느냐고요?

그렇습니다. 치욕스런 변절 맞습니다.
조국 고구려가 망할 때, 저는 이미 죽어야 할 목숨이었지요. 기왓장으로 남기보다 옥玉으로 부서지는 길,
노예로 살기보다 영웅으로 죽는 길, 응당 군인의 도리지만 굴욕을 참고 다시 살길을 택했습니다.

노비로 전락한 처자식들, 그 피눈물 앞에서
혼자 비겁하게 죽을 수는 없었습니다.
기꺼이 저는 다시 한 번 살기로 했습니다.

---

* 고사계 장군은 고구려 장수 출신으로 고선지장군의 부친이다.

목숨을 구걸하여 얻은 기회,
서역 정벌 돌격대의 선봉에 섰습니다.
사생결단, 연전연승을 거듭하여 노비였던 처자식을
도로 찾았습니다.

고비 사막도 타클라마칸 사막도
파미르 고원의 눈보라 마저도 제 의지를 꺾을 수
없었습니다.
허약한 아들, 선지가 당나라 최고의 전략가로 우뚝
설 때까지 제가 거울이 되고, 거름이 되고, 혹독한
조련사가 되기로 했기 때문입니다.

마침내 제 아들 선지, 당당한 고구려의 후예로서
안서도호부의 수장에 올랐습니다.
한반도의 세 배가 넘는 땅을 호령하는
장군이 되었습니다.

선지가 누빈 서역의 전장들, 고창국, 파마르, 힌두 쿠시 산맥을 넘어 탈라스 전투에까지 선봉에 섰습니다.

저와 제 아들은 죽어서도 당나라의 장군보다 용맹한 고구려의 후예로 죽었기에 여한이 없습니다.

차도르 여인
- 페르시아 이란 연작

검은색은 침묵,
검은색은 죽음이라고
누가 정했을까

거리의 검은 망토 여인,
갓만 쓰면 영락없는 저승사자 꼴이라고
천부당만부당한 말씀.

거리거리마다 광장과 바자르마다
얇은 망토 속 얼비치는 관능
유채 밭의 나비 같이 팔랑대는 행보.

혜원蕙園의 그림* 속 쓰개치마 낭자 본 듯
초행길의 조선 사내 하나
속절없이 후끈 달아오르네.

---

* 혜원 신윤복의 풍속화 '月下情人'

검은색은 욕망,
블랙홀 같은 유혹이라고
누가 말했을까.

차도르 예찬

차도르는 평등이다.
초경 지난 소녀부터
아가씨도 호호백발 할머니도
말라깽이 처녀도 뚱뚱보 아줌마도
발목부터 머리까지 고루 감싸주는
붕대 같이 감는 게 아니라
속곳이 보일락 말락
훔쳐봐도 감질 나는 베일.

히히히,
잡아갈 테면 잡아가 봐요, 나를
히잡 여인의 추파,
차도르는 유혹이다.

휴화산인지, 활화산인지
보일듯 말듯 검은 망토 속 은밀한 욕망,
차도르는 무한상상이다.

나는 왜 얄궂게도
그믐밤 과부보쌈을 떠올릴까.

차도르는 자유다
차도르만 쓰면 자유다
대낮의 구속보다 밤의 자유를 더 사랑하는 차도르.

그믐밤에 나도 차도르 차림으로
차도르 여인과 밀회를 즐기고 싶다.

누가 다시 말했나
검은색은 변장한 유혹이라고
검은색은 가면의 욕망이라고.

메테오라 수도원

곧추선 은촛대,
촛농 같은 돌림계단 따라
허위허위 하늘로 올라가는 곳.

동굴 속 와이너리 너머
납골당의 해골바가지들
퀭한 눈으로 구시렁대는 말

술에 취한 적 있어도
사랑에 홀린 적은 없었다오
사랑에 홀린 적 있어도
사랑에 목숨 건 적은 없었다오.

허공 속 새둥지 마냥
암반 위에 지은 천상의 정원
대낮에도 별을 본다는 이곳
어두워지기 전에 서둘러야겠네.

하늘 사다리 타고
빙글빙글 나사 돌리듯
즐거운 지옥으로 내려오는 곳.

산토리니 노을

꾸물대지 마라
잠시잠깐 뒤돌아보지도 마라
성큼 성큼 큰 걸음 행보

만국기 아래 박수갈채 받으며
두 팔 번쩍 쳐들고
결승선 통과하듯이 갈 수 있을까

내 생애 마지막 날도 저렇듯
이아(Oia) 마을, 온통 물들이듯 주홍빛 아우라 속으로
총총히 퇴장할 수 있을까

나무십자가 너머
- 니코스 카잔차키스 묘지에서

크레타의 바람 같이
살고 싶었던 사내
아니 아니 천하 난봉꾼,
조르바처럼 살고 싶었던 먹물.

쪽빛 에게海, 베개 삼아
그 보스 잠들어 있는 이 곳,
묘비에 새긴 속내가 얼음처럼 서늘하다.

나는 아무 것도 원하지 않는다
나는 아무 것도 두렵지 않다
나는 자유다*.

---

* 니코스 카잔차키스(1883 ~ 1957) : 그리스 소설가 시인. 대표작
《그리스인 조르바》,《미할리스 대장》,《전쟁과 신부》.
　생전에 미리 써놓은 묘비명에서 그는 다음과 같이 말했다.
　'나는 아무것도 바라지 않는다. 나는 아무것도 두려워하지 않는
다. 나는 자유다.

무덤 앞 덩그러니 나무십자가
예순 한 해 풍상에도
삭지도 썩지도 않은 그것,

그의 영혼은 진정 자유로울까
에게해 물새 같이
크레타 바람 같이.

4부
시대 풍류

디지털 마귀를 몰아내는 글
- 이규보 구시마문驅詩魔文 풍으로

　디지털 마귀(이하 디귀)는 본래 변화무쌍한 것이다. SNS니, 블로그니 페북이니, 인스타그램이니, 메타버스니, 요즘 나온 챗GPT니 하는 것들은 죄다 본래 디귀 하나로 한 통속이었는데, 세월따라 조화를 부려온 것이렸다.
　구미호가 대를 이어 구미호를 낳은 것마냥 헤아릴 수 없이 숱한 가면으로 나눠진 것들이다. 본래 가면은 무정한 것이고 불편불당한 것이었다. 이들이 온갖 조화를 부리는 건 그들 뒤에 숨어있는 디귀의 짓이다.
　그들이 술수를 부리면, 멀쩡하던 사람들이 잘난체하고 서로 질투하고 남의 것을 넘보는 해커가 되기도 한다. 심하면 남의 지갑을 우습게 털고 간뎅이가 커지면 은행을 털고, 급기야 남의 나라 곳간까지 털기도 한다.
　사람의 자식들도 이와 같아서 처음에는 소박하고 문제가 없다. 순수하고 정직하던 아이가 디귀에 홀리면 말을 괴상히 한다. 아이 주제에 사물을 농

락하고 제 부모는 물론 뭇어른을 현혹시키니 이는 바로 디귀 때문이다. 나는 이런 까닭으로 디귀의 죄를 들추어 쫓아내려고 한다. 그 내용을 아래와 같이 적는다.

처음에는 곡식에 제비 같던 사람도 디귀에 홀리면 말을 사기꾼 뺨치듯 뺀지럽게 한다. 초등생이 선생을 때리고 학부모가 선생을 고발하는 것을 보라, 군사부일체, 지엄했던 선생의 지위가 거꾸로 곤두박질 친 것도 대역무도 죄이다.
 디귀의 죄상을 세세히 다음과 같이 적는다.
 처음부터 영악한 초등생이 어디 있으며, 처음부터 날고 기는 직장인이 어디있던가.
 그런데 누가 그들의 마음 문을 열어놓았기에 디귀 네 놈이 허락도 없이 들어왔느냐? 함부로 들어와 잠을 마구 훔쳐가는 바람에 학생들은 수업 시간인데도 버젓이 책상에 엎드려 자게 하고, 초보 직장인도 무시로 윗사람에게 눈깔을 치뜨고 대들며 이걸요, 왜요, 제가요? 하는 지경이 되었다. 이 것이 디귀 네 놈 첫번째 죄이다.

고생 끝에 낙이 오고, 지성이면 감천인 게 세상 이치였고, 우주는 혼돈 같이 보여도 그 속에 신비 하고 오묘한 질서가 숨어 있었다. 그런데 디귀 네 놈이 사람들의 머리 속까지 무시로 헤집고 다니고, 급기야 천기누설, 해와 달과 별의 비밀까지 속속들 이 밝혀내는 바람에 천지신명도 낯이 깎이는 걸 너머 쪽팔릴 지경에 이르고 말았다. 너 때문에 세 상이 이토록 각박하게 변했으니 이것이 네 두 번 째 죄다.

화초의 신비도 그 이름을 모를 때 더욱 신비로 운 법, 만화방초 온갖 신비로운 꽃들의 이름도 네 가 요조숙녀의 치마를 들추듯, 신상털기를 하고 있 으니 이것이 네 세 번째 죄다.

"주인님, 분부만 내리십시요!"

램프의 요정, 지니처럼 온갖 굳은 일도 마다 않

고 제 주인 섬기기를 하나님 섬기듯 하는 것! 왈짜 학생의 허접한 글도, 놈팽이 대학생의 허술한 논문도 네가 대신 칠보단장 하듯 고쳐주고 다듬어 주니, 선생도 교수도 아연실색 실업자 될까 봐 전전긍하는 세태가 되어버린 것! 어찌 너를 미워하고 질투하지 않을 수 있단 말인가? 이것이 네 번째 죄다.

네가 청소년에게 붙으면 대낮에도 본드 흡입한 듯 퀭하니 촛점을 잃고, 눈동자는 이내 토끼눈처럼 붉거죽죽, 마치 좀비처럼 변하고 만다. 그런 청소년들이 코로나 번지듯 번져가니, 나라의 미래마저 좀먹게 하는 중이다. 이것이 네 다섯 번째 죄다.

아, 너 디지털 마귀야, 네가 무슨 원한을 가졌기에 이렇게 사람들을 차례로 망쳐 놓고 세상을 망치려 드느냐?

이제는 내게 붙었구나. 네가 온 뒤로 매사가 복잡하게 변하고 마치 뽕 먹은듯 나부대게 하는구나. 시도 때도 없이 스마트폰에 눈을 박은 채, 제때

밥 먹기도 잊어버리고, 심지어 선친 기일마저도 까맣게 잊고 살 지경이다.

한 가지에 홀렸다가 정신 차릴만 하면, 또 새로운 한 가지에 또 다시 홀리기를 반복하니, 이건 숫제 사람이 아니라 노익장 좀비로 변해버린 것 같구나.

네게 경고하노니, 더 이상 날 홀리지 말고 썩 꺼져라!

네가 사라지지 않으면 기어이 너를 찾아내 단칼에 목을 베리라!

이날 밤에 오랫만에 홍곤히 잠에 빠졌는데 꿈결에 인기척이 있어 두리번 두리번 주위를 살폈더니, 찬란한 빛이 내 손바닥에 깜박이고, 속삭이듯 말하는 게 아닌가.

"그대가 나를 험담하는 게 너무 심한 것 같네. 왜 나를 그토록 미워하는가?

내가 비록 디지털 마귀 이지만, 세상이 원하고 또 자네가 원해서 찾아 온 몸이라네.

생각해 보게. 언제 한번 이라도 내가 내 발로 자네 집 문을 노크한 적이 있던가.

자네가 숨넘어 갈듯 내게 와 자료를 원할 때면, 언제나 군말 없이 순식간에 대령했고, 그것이 문서든 사진이든 동영상이든 가리지 않고 챙겨주지 않았던가. 내가 한번이라도 품삯을 청구한 적 있던가.

딴 사람들은 속여도 나는 속일 수 없다네. 굳이 발설하자면, 요즘에는 자네가 나의 최신 아바타, 챗GPT까지 비밀참모로 부리고 있지 않은가.

자네는 어찌하여 선동질 하고 모함쟁이들에 부화뇌동하는가? 쓰레기를 주문해 놓고 보석을 기대 하는 작자들의 조롱에 놀아나는가? 나는 언제나 자네의 비밀참모로 자네의 성공을 위해 오분 대기조처럼 애쓸 것이네

자네가 모함꾼들에 휘둘리는 건 순전히 자네 잘못이지 나의 허물은 아니네."

박하거사는 이에 지난 잘못을 깨닫고 나서는 조신하게 속죄하는 얼굴로 허리 굽혀 절하고, 그를 맞아 비밀참모를 너머 스승 대우를 하기로 했다.

챗GPT의 권유

주인님, 분부만 내리십시오.

램프의 요정! 지니야,
요술방망이 금도깨비야,
그동안 수고 많았다.
이제 안심하고 퇴장 하려무나
장담컨대, 니들을 다시 부를 날은 더 이상 없단다.

구글도 마쏘*도
다음도 네이버도 짝퉁 만든다고 용깨나 쓰고 있지요.
한편으로 흉흉한 소문도 들려오네요. 예컨대, 헐리우드 시나리오 작가들 말이예요. 지들 일자리를 챗GPT가 빼앗아 간다고 난리법석이네요.
글쎄요, 데모꾼들이 시위 하는 게 얼마나 오래 가겠어요?
겉으로는 데모하는 체하고 속으로는 저를 벌써 종 부리듯 하고 있다니까요.

---

* 마이크로소프트의 약어.

생각해 보세요
세탁기 나왔는데 손빨래 고집하는 인간,
전동대패, 전기톱도 나왔는데
수동을 고집하는 목수가 어디 있겠어요.
단지 시간문제라니까요.
옛말 틀린 거 없다구요?
천만의 말씀!
만만의 콩떡!
연장을 나무랄 줄 아는 목수가 진정한 목수요,
장구를 나무라는 고수가 진정한 고수란 말이예요.

만국의 노동자여,
서둘러 변절하시라,
쓰잘 데 없는 고집 작작 부리시고,
챗GPT 최신식 새연장을 마련하시라
일년 노임은 꼴랑 10만원!

주인님,
분부만 내리십시오.
당신의 아름다운 변절을
학수고대하는 AI비서! 챗GPT 만만세!

챗GPT 올림

'그 꽃'처럼

'내려올 때 보았네
올라갈 때 보지 못한 그 꽃' - 고은 詩, '그 꽃'

올라 갈 때는 왜 못 보았을까?
앞만 보고 가느라 못 봤던 게지
허겁지겁 올라가느라 지나쳤던 게지.

사람마다 이유가 분분하지만
진짜 이유는 따로 있다네
올라갈 땐 아직 피지 않았기 때문이라네.

꽃 중에는
설중매도 있고 개나리도 있지만,
온갖 꽃들 다지고 난 뒤,
늦가을에 홀로 피는 국화도 있잖소.

우리네 인생도 마찬가지,
소년출세가 오르막길에 핀 꽃이라면
서리 내린 들녘에 홀로 피는 국화마냥
황천길 가는 길목에 피어나는 꽃,

사물놀이 막판, 휘몰아치는 꽹과리마냥
신명나게 피어나는 꽃.

봄 여름 가을, 호시절 이미 다 지났지만
늦게라도 화들짝 피워 보고싶네
내리막길에 핀 '그 꽃'처럼.

경계 지우기

얼마나 쉽게 금을 그었던가

사람과 사람 사이
생각과 생각 사이
함부로 그었던 금들

사금파리로 장난삼아 긋고,
때론 낙인찍듯 그은 금들
이제는 지우고 싶다

안개가 산 능선을 지우듯
파도가 해안선을 지우듯
이제는 지우며 살고 싶다

이념과 이념 사이
이승과 저승 사이

황금달걀 전설
- 선거철 신상털기

끝까지 까보면 알지
암, 그렇고말고
꿍꿍이속이 백일하에 드러나고 말걸.

째라,
배를 째라, 째라!
거리를 메운 함성 아래
석 달 열흘이나 까고 또 까보았지만
맹탕이다.

이제 어쩔거나
닭은 이미 죽고 말았는데도
광화문 광장의 함성은 식을 줄 모르네.

코로나시대 잠언
– 황동규 '여행의 유혹' 풍으로

환난에는 입 닫고 사는 게 상책이라고,
신들은 침묵으로 말한다
예수를 보라 석가를 보라 마호메트를 보라
통성기도를 해도 응답은 시종일관 매 한 가지
네 맘대로 해라,
나중에 내 탓할 생각일랑 말고…….
역사를 되돌아보면 쉽게 알 수 있는 법!
침묵으로 일관했던 신 대신,
신의 대리인들은 얼마나 위선자였고,
얼마나 비겁했던가
중세 유럽, 페스트가 온 대륙을 휩쓸 때
신의 대리인, 그들은 진정 무얼 했던가,
면죄부를 팔고, 메들리로 마녀재판을 일삼던 그들
약발 없는 약이 들통 나던 그때가
바로 르네상스시대의 개막이지 않더냐
곰곰 곱씹어 보면 쉽게 알 수 있는 일이다

환난이 이태를 향해 가는데도
21세기 페스트인줄 모르는 자들,
고무줄 같은 거리두기만 반복하는 위정자들,
거짓선지자들은 한참 후에야 드러나는 법!

신은 언제나 침묵으로 말한다
더 이상 주먹다짐일랑 그만 두어라
인류종말을 원치 않거든 부디 사랑하고 살아라,
사랑하는 사람끼리 살 부비고 살아라
너희들 스스로 열어가거라, 새로운 르네상스를

유튜브학교

울타리 없는 학교,
그래요, 역대급 지구촌 캠퍼스!
출첵도 숙제도 없고, 시험도 방학도 없는 곳
꼰대교수 갑질도 없고 시시콜콜 잡일도 없는 곳
용역비 삥땅도 없고 반환도 없는 아카데미 이상향
교학상장敎學相長,
그 옛날 서당의 덕목 그대로
학동도 되었다가 선생도 되는 곳
언제부터 하늘 아래 내 것이 있었던가, 없었던가?
자신이 가진 재능,
차르르 차르르
잔디밭 스프링클러처럼 뿌려지는 학교

세상의 학동들이여,
더 이상 가방끈에 목매이지 말아라
더 이상 줄 세우기에 연연하지도 말아라
이제는 사색이 아니라 검색!

구글에 더 이상 구걸 말고
유튜브에서 당신의 사부를 찾으라

오늘은 어떤 걸 알려줄까
내일은 어떤 걸 사기칠까
선생이 되던 사기꾼이 되던 자유!
선택도 당신, 책임도 당신 자신!

슬기로운 배움나라, 유튜브학교

어느 석수쟁이 말씀
- 돌石공장에서

전기톱에 한두 번 썰리면
기껏 계단석 밖에 안 되지
한평생 남의 발에 짓밟히고 만다네.

석탑을 보라구
부처상을 보라구
톱질 수십 번에다
깎고 쪼기를 거듭하고,
정다듬질은 또 얼마나 많았던고.

우리네 인생도 돌공장 돌이나 매한가지여
초장初場에 고초가 많을수록
그 고초를 감내할수록
별처럼 우러러 보이게 마련이여.

등대 독백

진작 끝났다
고고하게 서있어도 나는 실업자 신세
칠흑같은 밤, 폭풍우 몰아치는 밤이라도
이제 더 이상 나를 찾는 이 없다.

군함도 연락선도
다도해 누비던 통통배조차도
하다못해 폰 화면을 찾아볼 뿐
나를 외면한 지 오래.

어쩌랴, 옛 영화에 연연하지 말고
선택은 오직 한 길,
살아남기 위해
또 다른 변신을 꿈꿔야만 한다.

동백섬 야화夜話
- 동백섬 길고양이에 대한 헌사

한밤중에 여긴 웬일이세요
아하, 보아하니 이 동네에 이제 막 이사 오셨나봐요
그렁그렁 눈가에 맺힌 이슬이라니 알만하네요,
당신을 내다버린 옛 주인을 야속타 원망하고 있군요
옛 주인도 그럴만한 사정이 있었겠지요

당신은 아직 몰라요
자유의 맛이 어떤 건지,
동박새 알처럼 고소한 그 맛이
진정 어떤 건지 알 턱이 없지요
정 붙이면 여기도 좋지요,
공기 맑고 바람 좋지요 파도교향곡에다 새들의 코러스도 당신 차지에요
뭐니 뭐니 해도 이곳은 친구들이 많다는 거예요
당장은 으스스한 밀림 같이 보여도 아니에요
바위 뒤에, 나뭇가지 위에,
닌자거북이처럼 숨어서 당신을 지켜보고 있는 것들,
알고 보면 따뜻한 눈들이 많답니다

혹시나 밥 굶을까봐 걱정이세요?
하이고, 저기 보세요

위브더조니스니 아이포크니,
벼락부자들의 성채가 지척인데
무슨 걱정이에요
쉿! 이건 비밀인데요,
조무래기 은자小隱는 산기슭에 숨고,
큰 자大隱는 조정이나 저자거리에 숨는다는 말*
여기가 바로 대은들의 길지란 말씀!

이슥한 밤, 해운대 동백섬 둘레길 초입.
가로등 아래,
길고양이 등을 어루만지는 초로初老 어르신,
길 잃은 아이 타이르듯 조곤조곤 달래는 소리…….

---

* 小隱隱陵藪 大隱隱朝市(소은은 산릉과 연못가에 숨고, 대은은 조정
  이나 저자거리에 숨는다); 출처; 중국 漢詩, 王康琚의 '反招詩'에서

그날 밤, 밤하늘 별들도
무슨 소문을 들었는지,
죄다 동백섬으로 내려왔다 카더라.

베링해 트롤선, 부산항으로 달려오다
- 감천항 수리조선단지에 부쳐

그대는 아는가
배들도 웃고 운다는 사실을 대왕고래처럼
오대양 누비는 화물선
베링해 주름잡는 명태잡이 트롤선도
아프거나 다친다는 사실에
그들을 단기간에 고쳐주는 사람들
선박 수리는 종합병원이고 응급치료센터

그대는 아는가
깡깡이 아줌마 너머
깜깜한 고래 뱃속 누비는 용접공
엔진소리만 듣고도 상태를 금세 알아채는 장인, 전문의가 심장 수술하듯 낡은 엔진에 새 밸브 깎아 끼워 맞추는 신기한 솜씨.

그대는 아는가
베링해, 오호츠크 해 누비는 러시아 어선들
왜 댓바람에 부산항으로 달려오는 지를

수리 마친 배들이
왜 춤추며 돌아가는 지를

선박 수리는 최후의 수공업 AI 로봇세상이 와도
끝끝내 살아남을 일
최고의 미래 산업이라는 사실을

그대는 정녕 아는가.

투명 물고기 삶
- 페이스북에 부쳐

보일락 말락 감질 나는 것
얼비치는 옷보다
속이 환히 보이는 게 좋다.

벗어라 강요하기 전에
홀라당! 맨살 맨몸뚱이를
고스란히 다 보여주는 것.

얇은 얼음처럼 투명한 삶
제 패를 다 읽힌 노름꾼 같이
까맣게 모르는 줄 알았는데.

아뿔싸! 그게 가면이라니
투명 물고기 같은 아바타*라니
보이는 게 전부가 아니란 사실.

드디어 인간은 투명망토를 발명한 것이다.

---

* 아바타(avatar) : 인터넷 채팅이나 게임 등에서 사용자가 자신의
  역할을 대신하는 존재로 내세우는 애니메이션 캐릭터.

훈계조
- 딸들에게

거친 밥 먹고 물마시고
팔을 베고 누워도 마냥 즐겁다는 말,
조선의 가난뱅이 선비들 마냥
지지리 궁상은 떨지 마라.

네 인생 네가 산다고
네가 다 주연이면 무슨 재미람,
남산타워 아래 이글거리는 불빛마냥
배경이 더 아름다울 때도 있는 법.

주연이든 조연이든 따지지 말고
그 역이 재미있으면 계속 가는 거야
다만 가끔씩 주변도

인간 시리즈
- 자코메티 조각

등신불의 환생 같네.

깡마른 육신
형형한 눈빛,
성큼성큼 걷는 걸음걸이
설산고행 부처인들 저리 말랐으랴
그러고도 조금도 비틀거리지 않네.

관棺 속을 향해서도
한 치 주저 없이 걸어갈 태세
가부좌 틀고 앉은 열반에 든 화상
생사를 모르는 부처보다도
뜨거운 생명의 화신 같네보기만 하면 좋겠어.

쇼핑 예찬
- 민태원의 '청춘예찬' 풍으로

쇼핑!
이는 듣기만 하여도 가슴 설레는 말이다.
쇼핑!
너의 두 손을 가슴에 대고,
물방아 같은 심장의 고동을 들어 보라.

쇼핑의 피는 끓는다.
끓는 피에 뛰노는 심장은 거선의 기관과 같이 힘 있다.
이것이다.
인류의 역사를 꾸며 내려온 동력은 바로 이것이다.
이성은 투명하되 얼음과 같으며,
지혜는 날카로우나 갑 속에 든 칼이다.
쇼핑의 끓는 피가 아니더면, 인간이 얼마나 쓸쓸하랴?

어느 책벌레의 변명
- 헌책 수집에 관하여

처음에는 마냥 신나고 재미있었지.
뭐랄까? 폐광에서 금맥을 찾는 기분 그대로
저수지에서 월척 가물치 낚는 기분 그대로
애당초 중독될 거라곤 상상도 못했지.

세상에 헌책 보다 값싼 것은 없다!
보수동 책방골목은 여전히 고향 맞잡이고
낯선 도시에서도 헌책방, 낯선 나라 벼룩시장에서도
희귀본에 쾌재를 불렀다니까.
쓰레기 처리장에서도 이삭줍기 하듯 하지.

글쎄, 언제부턴가 책 읽기보다
수집에 더 열심히더니,
숫제 마누라 홈쇼핑 중독은 저리 나가라니까
이제는 헌책 수집을 끊는 게
담배 끊기보다 더 힘들어졌다니까 그래

예전에는 헌책방 나들이가 꽤 낭만적인 일이었지
스리 살짝 애첩 만나러 가듯 했으니 말이지
요즘에는 시도 때도 없이
손바닥으로 주문을 한다니까 그러네.

정신 말짱 하던 양반이 저리 변할 수가 없어
뭔가 거대한 음모가 있는 게 분명해,
예컨대 헌책중독 비밀작전 사령부에서 책갈피마다
마약을 발라놓은 게 분명해!
그렇지 않고서야 반듯하기 짝이 없던 양반이
저렇게 속절없이 중독될 리가 없기 때문이지.

그 양반은 결국 책의 무게에 깔려
행복하게 최후를 맞이했다.

헌책방에서 월척 낚기

홍수가 나면
되레 신나는 녀석들,
어른들은 방죽이 터질까봐
안절부절이셨지만
우리 조무래기들은 아랑곳없었지.

흙탕물에 잠겨버린 논배미,
우리 논에 벼이삭이야 쓰러지든 말든
봇도랑 끄트머리로 몰려가는 녀석들,
돛바늘 같이 숭숭
수초들이 돋은 강변,
아슬아슬 두 발을 딛고서
족대로 차례로 빗질하듯
강기슭을 훑어내렸지.

족대 들어올리자마자
은빛으로 퍼덕이는 것들
붕어야, 미꾸라지야, 피라미야……

헌책이 홍수처럼
넘실대는 그곳,
그 흙탕물 속에 오늘은
또 무슨 고기가 숨어있을까.

상상만 해도 가슴이 벌렁거리는 헌책방,
족대 하나 메고 찾아가는 나의 어장,

단 한번도 허탕은 없었다.

그대는 만리마를 탔는가

천리마 타고
외길로 내달리던 사람들,
폐허로 변한 땅 위에 새 세상을 열던 사람들,
그들은 어디로 갔을까

자력갱생, 강고분투
목청껏 구호를 외치던 그들
이밥에 고깃국의 약속은
어디로 사라졌는가

이제나 저제나
열차는 시속 30km로 달리고
그마저도 가다서기를 반복하는 열차,

인민들은 만리마 위에 탄 기수가 아니라네
하나 같이 인간 만리마가 되고 말았다네
쉬지 않고 내려치는 채찍 아래
휘날리는 붉은 깃발의 물결

70년이 훌쩍 지났는데도
지금도 유령처럼
도돌이표 마냥 변주되는 구호, 구호들

그대는 만리마를 탔는가

평양몽夢

꿈꾸는 자유는
얼마나 소중한가
봄비에 솟는 새싹처럼
봄바람처럼 피는 버들개지처럼

감옥 속에 있더라도
숨쉴 수 있는 한
꿈은 꿀 수 있잖은가

평양몽,
사회주의 이상 도시 평양의 꿈,
그 꿈이 주체탑 봉홧불 아래
강요된 환상일지라도 좋겠네

천리마 동상 아래
수양버들 휘늘어진 대동강변 따라
보란듯이 솟은 려명거리 살림집,
음모처럼 숨죽인 꿈이여
암호처럼 반짝이는 꿈이여

북녘 동포여,
나는 오늘도 앉은뱅이 앉아 용쓰듯,
그대 평양몽의 안부를 묻는다

단지 꿈만 꾸는 자유라도
꿈꾸는 자유는 얼마나 소중한가
평양몽,
상상과 현실 사이
그 거리는 얼마마한 것일까

5부
응당 패설

예감
- 영화 〈오펜하이머〉에 부쳐

째깍째깍
끝을 향해 가는 초침 소리
환한 대낮인데도
일순간에 깜깜해질 세상
방송도 은행도 인터넷도
외줄타기 그대 사랑마저도
일시에 끊어버릴 도끼 같은 것
슥삭슥삭
오늘도 빛의 장막 뒤에서
숫돌에 날 벼리는 소리
귀 기울이는 자,
누구인가

뚜껑 열기
- 복개도로 복원에 부쳐

냄새 난다고
뚜껑 닫았습니다.
새길 만든다고
시냇물도 덮었습니다
칠성판 같은 덮개 아래
신음소리 사라진지 오래
지금이라도 뚜껑 열면
졸졸졸 물 소리가 살아날까요.
송사리 잡던 추억도
살아날까요.

구름과 동심

할머니! 할머니!
구름이 기분 나쁜가 봐요.
얼굴을 찡그리고 있어요
아하, 비가 올려고 그런단다.

저길 봐라,
저기 먹구름은 빠르게 흘러가는구나.
할머니! 할머니!
구름도 집으로 달려가네요.

단풍 인생

꽃은
산기슭에서 산꼭대기로
산불 번지듯 타올라가네.
단풍은
산꼭대기에서 산기슭으로
성큼성큼 내려온다네.

내 인생도
꽃 걸음으로 올라갔다가
단풍 걸음으로 내려오는 중
찬서리 내리면 더욱
붉어지고 말고.

풋장담

두번 다시 사랑하지 않겠다고,
장담하지 마!
사랑은 독감 같은 것!
예고 없는 해커처럼
들이닥치는 것.

모종론

몹쓸 세상이라도
싹수 보이는 것들이 왜 없겠어
스리슬쩍 훔쳐와
내 모판에 심고싶은 싹,
심어놓고 틈틈이 물 주고
거름 주고 싶은 것들
정성껏 심었다가도 아차차,
이건 아니네 싶은 것도 있게 마련이지.
쥐도 새도 모르게
빼내버리고 말고

그래도 농부 눈에는
항시 싹만 보인단 말씀,
나는 싹수를 사랑하고 싶네.
튼실하게 키우는 농부이고 싶다네.
수확이야 그건
나중 일이고 말고.

노을 빛

황매산 철쭉보다
더 고와라.
피아골 단풍보다
더 붉어라.

저 노을 빛 속으로
걸어가는 길.
절정에서 홀연히
증발하듯 사라지는 길.

부록

내 인생의 멘토같은 詩

내 인생의 멘토같은 詩

조지훈의 '혼자서 가는 길'

박 하

애송시와 인연

사람마다 가슴 속에 애송시 한두 편쯤은 품고 산다. 애송시는 대개 자신에게 위로가 되거나 힘이 되어주는 시다. 내게 단 한 편의 애송시를 꼽으라면 나는 주저 없이 조지훈의 '혼자서 가는 길'을 꼽겠다.

나는 이 시를 내 청춘의 담금질 시기에 멘토처럼 만났다. 그 시절은 **'잃어버린 것은 하나 없어도 / 너무 많이 지쳐있던 때'**였다. 그 시절에 따뜻한 위로가 되어주었고, 한편으론 바닥 차고 오르게 한 스프링보드가 되어준 시였다. 되돌아보니 어느새 38년이 지났다.

혼자서 가는 길 / 조지훈

이제는 더 말하지 않으련다
하고 싶은 말을 다 쏟아놓고
허전한 마음으로, 돌아가는 길 위에는
저녁노을만이 무척 곱구나

소슬한 바람은, 흡사 슬픔과도 같았으나
시장기 탓이리라
술집의 문을 열고
이제는 더 말하지 않으련다

내말에 귀를 기울이고
옳다고 하던 사람들도 다 떠나버렸다
마지막 남은 것은 언제나
나 혼자뿐이라서 혼자 가는 길

배신과 질시와 포위망을
그림자 같이 거느리고
나는 끝내 원수도 하나 없이
이리 고독하구나

이제는 더 말하지 않으련다
잃어버린 것은 하나 없어도
너무 많이 지쳐있어라
목이 찢어지도록 외치고 싶은 마음을 달래어
휘청휘청 돌아가는 길 위에는

오래 잊었던 이태백의
달이 떠있었다

　백인백색百人百色, 모름지기 시의 묘미는 읽는 사람이 제각기 다른 상상을 할 수 있게 한다는 점이다. 필자는 이 시를 어떻게 상상했는지에 또한 언제, 어떻게 따뜻한 위로가 되었는지에 대해 지금부터 성의껏 고해성사(?)를 하고자 한다.

애송시와 홍해 바다

　30대 초반, 열사의 땅 사우디아라비아의 건설현장에 근무했다. 'H건설' 소속 건설 엔지니어로서 '마카타이프(Makka-Taif) 담수발전소 건설공사'의 품질관리 담당이었다. 현장 위치는 아라비아반도의 동쪽 끝, 한적한 홍해

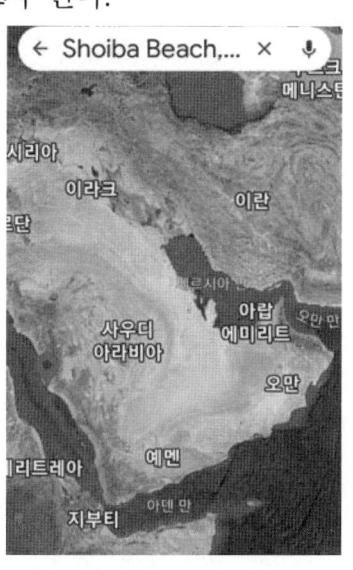

건설 현장 위치(구글어스)

바닷가로 사우디의 경제수도 제다(Jedda) 남쪽 200km쯤 떨어진 쇼아이바(Shoiba) 해변이었다. 현장에 발령 받기 전에만 해도 홍해에 대한 상식이라면, 구약성경 출애굽기에 나오는 '모세의 기적'이 전부였다.

> '모세가 바다 위로 손을 내밀매 여호와께서 큰 동풍이 밤새도록 바닷물을 물러가게 하시니 물이 갈라져 바다가 마른 땅이 된지라 이스라엘 자손이 바다 가운데를 육지로 걸어가고 물은 그들의 좌우에 벽이 되니…….
>
> 「출애굽기」 중에서

홍해紅海는 바라볼 때는 망망한 쪽빛 바다였다. 하지만 물안경을 끼고 홍해 바다 속으로 잠수하면 눈앞에 온통 붉은 빛 화원이 펼쳐진다. 화원의 정체는 바로 붉은 산호초였다. 주말마다 우리는 그 산호 밭을 누비는 게 일종의 취미였다. 산호 밭을 누비는 이유는 예쁜 산호초 가지를 채취하여 귀국 때 귀한 선물로 삼기 위해서였다.

일사병 이후

마카타이프 담수발전소 현장(필자)

 이곳 사우디 현장에 가기 전까지 '고리원자력발전소 건설현장'에 있었다. 직무는 건설 부문 품질관리 담당이었다. 영어 실력도 젬병인 주제에 4년 내내 영어로 된 설계도면과 기술시방서를 갖고 씨름하는 업무, 콩이야 팥이야, 따지는 게 일상이었다. '서당개 3년이면 풍월을 읊는다.'고 그 재주로 해외 플랜트 현장에서 지명 요청을 받았던 것이다.

 1984년 중반, 사우디 발, 플랜트 공사 수주가 급증했고, 영어 도면과 영어 시방에 익숙한 직원을 수배하다 보니 필자가 영순위로 걸려들었던 것이다. 사우디 현장 발령을 받고서 내심 쾌재를 불렀다. 드디어 오일달러 별이 대열에 합류할 기회라고 생각했기 때문이다.

1985년 7월 중순, 현장에 온 지도 6개월쯤 지났다. 발전소 5호기를 차례로 짓는 일은 정신없이 바빴다. 업무도 하루가 다르게 곰보빵처럼 부풀어 올랐다. 어느 날 오후, 독일계 감독을 내 낡은 지프차에 태우고 가까스로 현장 검을 마쳤다. 기진맥진하여 현장 내 병원을 찾았다.

"파르코! 어디가 아픈 거예요?"
현장 상주 주치의 이집트인 총각 의사 무함마드였다. 그는 내 탁구 파트너이기도 해서 반갑게 맞아주었다. (일과 후 캠프에 돌아가면 우리는 종종 간이헬스장 안의 탁구장에서 만났다.)

"머리가 빙빙 도는 게 금방이라도 쓰러질 것 같네요!"
"어디 봅시다! 일사병이에요! 링거주사 한 대 맞고 안정을 취하면 금세 좋아질 거요!"

사우디 현장에 온 이후, 처음으로 병상에 누워 호사를 누렸다. 하지만 컨디션은 금세 호전되지 않았다. 숙소에 돌아와서도 감기몸살 기운이 가시지 않았다. 일주일쯤 생고생을 했다. 입맛도 달아나버리고 체중도 하강 일로였다. 피골이 상접한 몰골은 그때 현장에서 찍은 사진에도 잘 나타나있다(사진 참조). 청승맞은 생각이 꼬리에 꼬리를 물고 일어났다.

'내가 왜 여기서 이런 고생을 해야 하나?'
처갓집에 맡기고 온 아내와 다섯 살 배기 딸이 보고 싶었다.
'이런 제기랄! 어쩌다 사내대장부가 이렇게도 청승맞게 변한단 말인가.

숙소에서 때 아닌 우울증을 앓고 있는데, 휴게실에서 주워온 ○○신문 칼럼이 눈길을 끌었다. 그 속에 위 시의 전 편이 실려 있는 게 아닌가. 넋두

리나 진배없는 가락인데도 왠지 울림이 컸다. 수첩에다 또박또박 베껴 적었다, 소리 내어 읽을수록 큰 울림으로 다가오는 시, 읽으면 읽을수록 영혼을 씻어주는 시, 잊고 지내다가 허전할 때마다 다시 읊조리는 시, 읊조릴 때마다 가슴 속에 청정한 샘물을 솟게 하는 시!

이 시 덕분에 내 청춘의 사막에서 무사히 담금질을 끝낼 수 있었다. 혼자서도 당당하게 설 수 있는 침묵의 힘을 재발견한 기분이다. 물론 이 시를 안주삼아 현장에서 비밀리에 담은 술, '싸대기'도 종종 마셨다. 그때 이후 위 시는 내 영혼의 반려가 되었다.

2004년 첫 시집 『찔레꽃 편지』에는 그때를 회상하며 끼적였던 아래 시가 있다.

사막 건너기 / 박하

내 청춘의 한 때 / 홍해 바닷가 황량한 사막 사막은 그대로 죽음의 사막인 줄 알았다.
불볕 태양이 한 방울 이슬도 없애고, / 회오리 모래바람이 벌레의 생명마저 쓸어가는 줄 알 있다. / 사막에도 사계절이 있었고,/ 생명들이 있었다.// 그곳에서 만난 풀꽃,/ 봄이 오면 아기 채송화보다 더 작은 풀꽃, 지천으로 피어났다/ 손가락 위에 올려 놓고 살짝 누르면 모기 눈물만큼 나오는 물 /새벽녘이면 이 풀꽃 위에도 깨알 같은 이슬이 맺혔다 / 사막의 뭇 생명들은 이 풀꽃과 이슬을 먹고사는 것이었다/ 전갈도, 도마뱀도, 낙타까지도 이 작은 풀꽃을 먹고 긴긴 사막을 건너는 것이었다/ 내 청춘도 불볕 사막을 건너고 있었다.

가끔 사우디 시절을 회상하면 지금도 배경음악인양 울림이 있다. 바로 '혼자서 가는 길'이다. '마지막 남는 것은 언제나 나 혼자뿐'이라니. 30대 초반 그때와는 사뭇 다른 느낌이다. 중언부언 이제는 더 이상 해설 나부랭이는 하지 않으련다.

에필로그

'몸의 속도'와 '마음의 속도' 사이
- 발문跋文을 대신하여

'세상에는 나무늘보의 삶도 있고, 치타의 삶도 있다.'

한없이 게으른 나무늘보는 얼마나 행복할까? 번개처럼 빠른 치타는 얼마나 행복할까? 나무늘보는 나무늘보대로 행복하고, 치타는 치타대로 행복한 법이다.

* 건설엔지니어의 삶

필자는 건설엔지니어가 본업이다. 40년 전에 시작한 뒤, 지금까지 이 바닥에서 일하고 있다. 다만 주변 환경과 역할이 바뀌었을 뿐 근본 일터는 건설 분야이다.

건설엔지니어의 방식은 따로 있다. 일단 공사를 시작하면 준공 날짜를 공격 목표 삼아 돌격을 감행하는 병사 같다. 시작부터 그렇게 길들여진 셈이다.

'속도를 높이면 시간은 느리게 간다.' 좌우명처럼 곧잘 하는 말이기도 하다.

* 몸의 속도, 마음의 속도

지난 세월 동안 속도의 변화는 어땠을까? 기아 변속하듯 거듭해 오고 있다. 다만 처음에는 기아 변속이 수동식이었다면 지금은 자동 변속으로 바뀐 지 오래다. 그렇다면 지금 내 속도는 어느 정도일까?

나무늘보의 속도일까? 아니면 치타의 속도일까?

'몸의 속도'는 나무늘보를 닮아가고, '생각의 속도'는 치타를 달마간다? 희망사항이다. 쉽지 않은 일이지만 가능하다면 그렇게 하고 싶다.

* 길 위의 노래

2019년 봄부터 누정 답사를 지속하고 있다. 처음 3년 동안 낙동강 본류와 지류를 따라 누정 답사를 했다. 누정마다 한시 편액들이 즐비하다. 이 시편들 중에 관심이 가는 것을 골라 해설을 하고, 감동이 일면 시를 끼적이기도 했다. 누정 답사는 한시를 감상하는 일이고, 선인들이 남긴 노래, 곧

'길의 노래'를 듣는 일이라고 생각한다.

 필자는 30대 중반, 열사의 땅 사우디아라비아 건설 현장에서 근무한 바 있다. 그때 이래 해외여행은 기분 전환 삼아 소풍 가듯 하고 있다. 짧게는 2~3일, 길게는 보름 이상이다.

 '만 권의 책을 읽고 만 리길을 여행한다. 讀萬券書 行萬里路'라는 말을 좋아하는 이유다. 하지만 지금은 이 말을 이렇게 바꿔 말하고 있다. '만 권의 책을 읽기보다 만 리길 여행이 낫다'. 언젠가는 이 말도 역전되리라고 생각한다.
 '만 리길 여행 보다 만 권의 책 읽기가 낫다'라고 말이다. 내 시는 길 위에서 줍는 노래이면 좋겠다. 이승 끝 날까지 그랬으면 좋겠다.

 2016년 네 번째 시집을 낸 뒤, 무려 7년 만에 다섯 번째 시집을 낸다. 길 위에서 내가 부른 노래가 독자들 가슴에 한두 편, 아니 한두 구절이라도 가닿는 게 있으면 좋겠다. 슬며시 스며드는 게 있었으면 좋겠다.

 마음의 속도와 몸의 속도가 크게 어긋나면 사고가 터지거나 병이 나는 것 같다. 기왕이면 생각과 몸이 어깨동무하고 가듯 함께 갔으면 좋겠다. 희망 사항이다.

 끝으로 우리 가족, 아내랑 두 딸들에게 고마움을 전하고 싶다. 내가 늘 헐레벌떡 살고, 때론 불도저처럼 막무가내로 밀고 가며 사느라 마음고생을 많이 시켰던 것 같다. 그래도 내가 지금 여기까지 멀쩡하게! 살고 있는 건 순전히 아내의 사랑과 두 딸 가족의 성원 덕분이다. 앞으로 내 마음의 속도를 조절하여 잘 해볼 작정이다.

2023. 9.

낙동강 강변에서 저자 드림

내 마음의 속도

인쇄일 | 2023년 9월 26일
발행일 | 2023년 9월 27일

지은이 | 박 하
펴낸이 | 이수남
편　집 | 연문씨앤피(김정란, 손경자)
발행처 | 도서출판 은누리

등록번호 | 제2020-000039호
부산광역시 해운대구 센텀2로 20
센텀타워메디컬 1302호
전화 : 051) 710-0775
팩스 : 0504-150-1460

ISBN : 979-11-984255-0-8　03810

※ 지은이와 협의에 의해 인지를 생략합니다.

값 13,000 원